C

96 15

(Par La Mettrie –
D'après Guérard)

LES
ANIMAUX
PLUS QUE
MACHINES.

Les Bêtes ne sont si Bêtes que
l'on pense.

Molière.

MDCC L.

LES ANIMAUX PLUS QUE MACHINES.

AVANT Descartes, aucun Philoſophe n'avoit regardé les Animaux comme des Machines. Depuis cet homme célébre, un ſeul moderne des plus hardis s'eſt aviſé de réveiller une Opinion, qui ſembloit condamnée à un oubli, & même à un mépris perpétuel; non pour vanger ſon compatriote, mais portant la témérité au plus haut point, pour apliquer à l'homme ſans nul détour ce qui avoit été dit des Animaux, pour le dégrader, l'abaiſſer à ce qu'il y a de plus vil, & confondre ainſi le Maitre & le Roi avec ſes ſujets.

Il eſt bon d'humilier de tems en tems la fierté & l'Orgueil de l'homme; mais il ne faut pas que ce ſoit au préjudice de la verité.

Ceux

CEUX qui veulent que les Animaux n'aient point d'Ame, de peur que l'homme ne puiſſe ſe dispenſer de ſe mettre dans leur claſſe, & de n'être que le prémier entr' égaux, ont beau entaſſer forces ſur forces, Argumens ſur Argumens, les traits que lancent ces téméraires, retombent ſur eux, & n'atteignent point cette ſublime ſubſtance.

JE ſai que la figure des Animaux n'eſt pas tout à fait humaine ; mais ne faut il pas étre bien borné, bien peuple, bien peu Philoſophe, pour déferer ainſi aux apparences, & ne juger de l'arbre, que ſur ſou écorce ? Que fait la forme plus ou moins belle, où ſe trouvent les mêmes traits ſenſiblement gravés de la même main ? L'Anatomie comparée nous offre les mêmes parties, les mêmes fonctions ; c'eſt par tout le même jeu, le même ſpectacle. Les ſens internes ne manquent pas plus aux Animaux, que les externes : par conſéquent ils ſont doués comme nous de toutes les facultés ſpirituelles qui en dépendent, je veux dire de la perception, de la Mémoire, de l'Imagination, du Jugement, du Raiſonnement, toutes choſes que Boerhaave a prou-

prouvé apartenir à ces fens. D'où il
s'enfuit que nous favons par Théorie,
comme par la Pratique de leurs Opérations, que les Animaux ont une Ame
produite par les mêmes combinaifons
que la nôtre; & cependant, comme on
le verra dans la fuite, tout à fait diftincte
de la Matière. Rien de plus vrai que
ce Paradoxe.

LAISSONS là des confidérations triviales. Les rêves des Animaux, à haute,
& à baffe voix, comme les nôtres; leur
réveil en furfaut; leur Mémoire, qui les
fert fi bien; ces craintes, ces inquiétu-
des, leur air embaraffé en tant d'occafi-
ons; leur joye, à la vüe d'un Maitre &
d'un mêts chéri; leur choix des moyens
les plus propres à fe tirer d'affaire, tant
de fignes fi frappans ne fuffiroient ils pas
pour prouver que nôtre vanité, en leur,
affignant l'Inftinct, pour nous décorer
de cet Etre bizarre, inconftant & volage,
nommé la Raifon, nous a plus diftin-
gués de nom que d'effet? Mais dit on,
la parole manque aux Animaux! Admi-
rable Objection! Dites auffi qu'ils marchent à quatre pattes, & ne voyent le
Ciel, que couchés fur le dos; reprochés

en-

enfin à l'Auteur de la Nature l'innocent plaisir qu'il a pris à varier ses ouvrages.

Qui prive les Animaux du don de la Parole ? *Un rien* peut être. Ce *rien* de Fontenelle, qui le distingue autant lui même de presque tous les autres hommes, que ceux-ci le sont des brutes. Peut-être encore que ce foible obstacle sera un jour levé ; la chose n'est pas impossible, selon l'Auteur de *l'Homme Machine*. Le séduisant exemple que celui de son grand singe ! Et les beaux projets qui lui ont passé par la tête !

Si les hommes parlent, ils doivent songer qu'ils n'ont pas toûjours parlé. Tant qu'ils n'ont été qu'à l'Ecole de la Nature, des sons inarticulés, tels que ceux des Animaux ont été leur premier langage. Antérieur à l'art & à la Parole, c'est celui de la Machine, il n'appartient qu'à elle. Par combien d'ailleurs de gestes & de signes, le langage le plus muët peut-il se faire entendre ! Quelle Expression naïve & ingenüe ! Quelle Energie, dont tout le monde est frappé, que tout le monde comprend, mises en regard de sons Arbitraires, qui battent l'air, & n'expriment rien pour l'étranger

qui

qui les entend ! Quoi ! Faut il donc parler, pour paroître sentir & réfléchir ? Parle assés, qui montre du sentiment. Prémière preuve de l'Ame des Animaux. La parfaite Analogie qui est entr' eux & nous, fournit la seconde, & la démontre ; c'est la consçience intime qu'ils ont, comme nous, de leurs propres sensations.

Si on pouvoit être Auteur, sans faire, comme le pieux Rollin, un vain Etalage de ce qu'on sait & de ce qu'on ne sait pas, en faudroit-il davantage pour être en droit de conclure qu' il y a autant d' Injustice à refuser une Ame aux Animaux, qu' il y en auroit à eux à ne pas reconnoître la nôtre, avec toute sa supériorité ?

Poursuivons donc, puis qu' il est écrit qu' il y aura toûjours des Auteurs, c'est à dire des Gens dont la profession est de s'amuser à retourner sans cesse le nez de cire, et comme l'habit des sçiences, pour faire de la même Matière remaniée & remachée, un livre d'une forme, non seulement présentable aux Lecteurs, mais aux Libraires, qui comme

le

le *Monseigneur* de Voltaire, mesurent communément l'ouvrage à la Toise.

RASSUREZ vous cependant, je ne ferai point un Volume pour prouver ma Thèse. Je me contenterai de faire voir que c'est l'Ame, & non le corps, qui voit, entend, veut, sent; & qu' enfin tout ce que certains attribüent au Mécanisme des Corps animés, dans leur systême Epicuro-Cartésien retourné & mal cousu, ne dépend absolument que de l'Ame, & que tout s'opère par la puissance de cet Être imortel.

TELLE est la Carrière que j'ai à parcourir; je n'y ai encore jetté que le prémier coup d'oeil. Commencons par prouver que c'est l'Ame qui voit, & comment.

VOUS croyés sans doute avec tous les Physiciens & Métaphysiciens, que l'Ame ne pourroit voir sans la propagation de l'image tracée sur la Rétine, ou du moins sans quelque impression de cette image, qui produise une sensation dans le Cerveau. Vous êtes dans l'Erreur. Cela pouvoit bien être autrefois; mais depuis le grand Théoricien Tralles, on peut dire de la Vüe, ce que Molière

fait

fait dire du foye à un de fes Perfonnages:
„ les Chofes ont bien changé. „

Pour que l'Ame voye, il n'eft pas
néceffaire que les images paffent jusqu'
au Cerveau, il fuffit que les objets s'y re-
préfentent, ou plûtôt y foyent aperçus :
Il fuffit que le Deffein refte tracé fur cette Tunique, jusqu' à ce qu' il foit effacé
par un nouveau Coloris.   Tant que les
Peintures font fur cette Membrane, l'A-
me les voit fans autre interceffion ; lorsqu'elles n'y font plus, elle s'en fouvient.
Voilà tout le miftère.

Remarquez, s'il vous plaît, que pour
bien juger des Objets, il ne faut en être,
ni trop loin, ni trop près.   Voulés vous
que les mêmes images peintes fur la Rétine, le foyent auffi dans le Cerveau ?
Vous risqués d'éblouir l'Ame par la force de la réverbération.   Plus fenfible qu'
aucun Thermometre, elle monteroit,
s'agiteroit, & sortiroit de cette Affiette
tranquille, qui fait fon fang froid.   Il
n'y auroit plus de Philofophes ; tous les
hommes feroient Enthoufiaftes, Efpèce
d'Epileptiques faciles à connoitre à l'é-
cume qui leur vient à la bouche, à la
moindre Opinion hardie, toûjours fûre

de leur déplaire, dèsqu'elle les contrédit & blesse leur Amour propre.

COMME l'œil ne se voit point dans un miroir trop proche de lui, l'Ame ne pourroit voir dés images qui la toucheroient. C'est pourquoi le prudent Médecin de Breslau a jugé à propos de reculer le foyer de la Vision. C'est bien fait, grand Docteur! L'Ame est si distincte du Corps, qu'on peut bien l'isoler, & la détacher des piécés nécessaires à l'Ouvrage de sa Mission. Outre qu'il est dangereux qu'un corps puisse immédiatement l'Affecter, de crainte qu'elle ne fît partie réelle du Viscère, dont elle n'est que partie Idéale, ou Métaphysique.

CELA posé, l'Ame semblable à un Chasseur à l'Affut, du haut de son Observatoire, n'attend que le débrouillement des humeurs de l'œil, pour apercevoir & saisir tout ce qui passe devant sa fenêtre. Elle a une lunette toute prête & dressée exprès, c'est le Nerf Optique. La fenêtre, ou plutôt la guérite, est a peine ouverte, que la longuevüe a déjà servi; & pourvû seulement que l'Instrument soit bien conditionné, que le Verre ne soit ni humide, ni opaque, l'Ame pourra
clai-

clairement voir tous les objets qui s'offriront à ſes regards, ſans que cet énorme paquet de moëlle, où ſont enſévelies nos Ames toutes vivantes, puiſſe l'en empêcher.

Sɪ les figures pouvoient paſſer au Cerveau par les yeux, elles y paſſeroient auſſi par la porte du goût. Il y a ſi peu de différence, ou plutôt une ſi parfaite reſſemblance entre les Corps *ſapides*, & viſibles, que nous ne ſerions point obligés de recourir à la Chymie, pour connoitre la forme des Molécules, qui agiſſent ſur les Papilles nerveuſes de la langue & du Palais. Une Réflexion auſſi ſenſée enleve les ſuffrages & m'a paru ſans replique. Courage, Courage, Docteur ; vous ouvres là une brillante carrière.

Pᴏʀᴛʀᴀɪᴛs de la Nature, recevés dont les mêmes ordres que les flots de la Mer ; vos limites ſont marquées ; vous pénétrerés juſqu' à la Rétine ; mais vous y reſterés, y voltigeant ſans ceſſe tour à tour, ſans jamais aller plus loin ! Un Hercule moderne a fierement planté au fond de l'œil les Colonnes inébranlables

de

de son syftème, & ces colonnes font vôtre *nec plus ultra.*

MAIS le moyen de ne pas admirer
Tralles, fur tout lorsqu' enchante' à jufte
titre des furprenantes merveilles dont
le Globe de l'œil contient un monde, il
ne peur fe refufer à fon Afpect à une forte d'Enthoufiasme ! Difons avec lui ;
„ oüi fans doute, ce bel Organe contient
„ quelque chofe de plus que tout ce qu'
„ on nomme corps & matière, quelque
„ chofe de furnaturel & de divin.“   On
n'ofe pas en faire le fiége de l'Ame, cela
feroit trop nouveau ; mais peut être n'au-
ra-t-elle pas dédaigne' de mettre la dernière main à ce merveilleux ouvrage. Il fe
peut dumoins que, comme une Salaman-
dre qui fe métamorphoferoit en Sylphe,
elle ait volontiers quitte' le feu du Cerveau, pour venir de tems en tems prendre le frais dans l'air de l'oeil, où fi elle
n'a pas tout purifie', comme un autre So-
crate, elle a dumoins laiffe' en fortant
des traces éternelles de la Divinite' dont
elle fait portion.   *Et vera inceffu patuit
Dea.*

L'Ouie répond à la Vifion, & fe fait
de même.   Le Nerf Acouftique, ou au-
ditif,

ditif, ayant pénetré dans l'oreille, s'y di-
late en une toile, ou membrane également
fine, fuivant en cela cette conftan-
te Uniformité que la Nature montre
par tout.   Cette Toile qui revêt & ta-
piffe les Canaux demi-circulaires, eft le
fiége de l'Ouie, ainfi que la Rétine eft celui de la vûe.   Tel eft le Centre, ou vont
aboutir tous les rayons fonores.   L'air
mis en mouvement par quelque caufe
que ce foit, communique un léger fré-
miffement au Tympan ; celui-ci aux petits offelets de l'ouie, qui mettent en branle l'Air interne, lequel enfin frappe l'Ex-
panfion infinement molle & délicate,
dont j'ai parlé.   Cette Tunique a à peine
foiblement tremblé, que l'Ame a déja
entendu.   C'eft elle qui voit, qui entend
dans l'Oifeau, comme dans le Géometre
& le Métaphyficien.   Il n'y a que le Pois-
sons, qui ne foyent pas foumis au même
Mécanisme ; ils entendent fort bien fans
le fecours d'un Organe pareil à celui des
autres Animaux.   L'eau ébranlée par le
fon, porte par la communication du mouvement qui fe propage d'ondes en ondes,
porte, dis-je, la même fenfation à leur
fenforium commune, peût-être par le feul
tou-

toucher. Comme les ſourds ont leurs oreilles en quelque ſorte dans leurs yeux, qui en ſemblent meilleurs ; & les aveugles, leurs yeux dans leur Tact, qui n'eſt cependant pas toûjours auſſi exquis chez les uns que chès les autres ; (car quelle différence de celui de Saounderſon, au toucher de nos Quinze-vingt !) la Nature n'a pas voulu ſans doute priver les Poiſſons de ce même dédommagement de l'Organe de l'Ouie, quoique ce qui le remplace, ce qui préciſement conſtitüe leur Ouïe, ne ſoit pas connu.

LE Spectacle & la Conſidération des Corps animés nous offrent à chaque pas tant de prodiges, que la ſeule fabrique de l'Ame pouvoit les expliquer.

Iº UNE auſſi petite maſſe que celle du Cerveau, fût-elle conçue étendüe en une ſurface cent fois plus mince que la plus légère feuille d'or, ne peut être, ſelon Tralles, le rendez-vous de cette multitude inombrable d'images & de ſons, que l'on veut y être propagée & miſe en dépôt. C'eſt une Galerie qui ne peut contenir tant de Tableaux.

IIº QUEL ſeroit le langage des Animaux, müet, ou non, s'exprimant par des

Paro-

Paroles, ou par des Geſtes! Quelle Confuſion! Quand je penſe au ſeul Catalo-
gue des Connoiſſances d'un homme, tel
que Boerhaave, & au nombre des Pages
qu'il occupe dans Tralles qui a pris la
peine de le faire, j'aime à conclure avec
lui, que comme tant de Peintures ne
peuvent former qu'un Cahos ou un *Am-
phigouri* d'Images dans les meilleures tê-
tes; tant de ſons entrés dans le Cerveau,
n'en peuvent ſortir que pêle mêle, avec
la confuſion des langues de la Tour de
Babel, & comme en une Eſpéce de dé-
route.

Sɪ l'Ame n'eût eu la puiſſance de
voir & d'entendre au loin par elle même,
pour ſe rappeller enſuite les ſons & les
images au premier Acte de ſa Volonté;
ſi elle n'eût pris ſur elle de juger des
Corps, indépendamment des ſens ſoumis à leur Action, & ſans aucun rapport
de ces vils *Commis*; plus de Clarté, plus
de triage, plus de diſtinction d'Idées:
Impoſſibilité de donner à l'une, la Préfé-
rence ſur l'autre. Comment les contempler, les ſéparer, les rapprocher, les
combiner? Où ſont, S'écrie merveil-
leuſement nôtre Docte Commentateur,
où

où font les Tiroirs, & le Commode assez vafte, pour mettre l'Idée, ou la repréfentation de chaque chofe en un tel ordre, fi bien en fon lieu & fa vraïe place, qu' elle foit facile à trouver. Le Cerveau, Magazin, Arfenal, ou Répertoire de toutes nos Idées! eh! fi; fi donc encore une fois! Il ne manque plus que de définir ainfi la Mémoire, pour donner dans tous les travers du Matérialisme. Mais je veux que l'Impreffion des Objets externes paffe jusqu' au Cerveau; qu'on me dife donc quelle place un fon, quelle place une Image occupent dans ce Viscère; comment une fimple Machine peut s'accoutumer à diftinguer les voix entr' elles, celles des Animaux, de l'homme, de la femme, (& par elles, leurs différens âges) & de cet Amphibie fans barbe, qui n'eft ni homme, ni femme, qui n'a de fexe, que l'Ombre du fien, & de talens, que celui de chanter. Que tous nos favans *Machiniftes* nous difent, par quelle Mécanique ce je ne fai quel reffort fentant qu' on met dans la fubftance, qui elle même le compofe, fe fouvient d'une voix qu'on n'a entendüe qu'une feule fois, & il y a vingt ans! Enfin qu'on

répon-

réponde à St. Auguſtin (j'ai droit de l'e-
xiger) lorsqu'il objecte avec Tralles &
autres, plus ſolidemment peut-être que
ceux qui ont lû Locke & Condillac ne
ſe l'imaginent : " Par quel ſens, des Idées
„ toutes ſpirituelles, celle de la pensée,
„ par exemple, & celle de l'être, ſeroient
„ elles entrées dans l'Entendement ?
„ Sont-elles lumineuſes, ou colorées,
„ pour être entrées par la vüe ? D'un
„ ſon grave, ou aigu, pour être entrées
„ par l'Ouïe ? D'une bonne, ou mauvaiſe
„ odeur, pour être entrées par l'Odorat ?
„ D'un bon, ou d'un mauvais goût, pour
„ être entrées par le goût ? Froides, ou
„ chaudes, pour être entrées par l'attou-
„ chement ? Que ſi on ne peut rien ré-
„ pondre qui ne ſoit déraiſonnable ; il
„ faut avoüer que toutes nos Idées ſpiritu-
„ elles ne tirent en aucune ſorte leur Ori-
„ gine des ſens ; mais que nôtre Ame a
„ la faculté de les.former de ſoi même.„
DEMANDONS moins : qu'on nous diſe
ſeulement qu'elle eſt la Couleur ou l'Image d'un ſon ; quelle eſt cette Peinture,
qui de la Rétine, ſe propage au Cerveau ;
quelle eſt enfin cette trace des Eſprits
Animaux, par la quelle tout s'exlique ſi

B

com-

commodément. Et si on ne peut satis-
faire une juste Curiosité, nous serons en
droit d'admettre un Etre dans le Corps,
distinct essentiellement du corps, Etre
qui du moins donne des Raisons *spirituelles* de tous les Phénomènes du Régne
pensant.

CHIMÈRES donc à jamais répudiées,
à jamais reléguées chès les Philosophes
non Chrétiens, toutes ces traces, ces Ve-
stiges, ces Impressions des Corps dans
le Cerveau! Car comme tout ce que j'ai
dit des sens nobles, s'applique tres bien
au *Roturiers*, parmi lesquels rien de si
ignoble, rien de si bourgeois, me semble,
que le Tact, il s'ensuit que l'Odorat à plus
forte raison n'aura pas plus de privilége,
que l'Ouïe & la Vüe. Ainsi l'Impression
des odeurs aura ordre de ne point péné-
trer au de là de ce nerf des Narines, tenu
frais par la fine membrane de Schneider,
qui le couvre, pour le mettre à l'abri des
injures de l'air, & l'empêcher de se ra-
cornir. En effet l'Ame qui entend sans
oreille, tandis que le Corps n'entend
point avec deux, n'a pas besoin de nez,
pour sentir de loin ces Corpuscules volatils qui se font un jeu de la rappeller

de

de la foiblesse à la force, & de la Mort à la Vie.

MAIS où s'arrêtent ces *Effluvia* de Boyle ? Quel nouveau Tralles marquera leur limites ? Qui nous dira jusqu' où s'exhale l'évaporation des Corps odoriférens ? Qui osera décider, si la *Quintessence* des Anciens, ou *l'Esprit Recteur* des Modernes s'arrête à la prémière, ou a la force de monter jusqu' *à la Seconde Région* du Cerveau, semblable à ces rayons qui s'éteignent, en entrant par la cornée, avant que d'avoir passé à *la Chambre postérieure de l'oeil* ; à moins cependant que le plus fin Tabac d'Espagne qui ne peut se faire jour au travers des petits trous de l'Os Ethmoïde exactement remplis par les filamens du Nerf olfactif, ne resolût ce grand Problême ?

QUE d'embaras ! que d'incertitude par tout ! Qui fixera encore le point, où s'arrête la progression du mouvement imprimé par le Toucher ? Qui dira jusqu' où le Tact fait monter les Esprits Animaux dans le thermometre des Nerfs ? Se dépouilleroient-ils de leur sensation ? Perdroient-ils la nouvelle modification qu'ils ont reçüe, avant que de percer le

Crâ-

Crâne, comme les Artères Vertébrales &
Carotides quittent une partie de leur
Tunique musculeuse ; ceux là, pour faire
honneur à l'Ame, qui du bout du doit
peut juger des Corps, comme on le voit
dans les aveugles ; celles-ci, pour ne pas
troubler la raison par une élasticité in-
supportable, qui nous eût peut-être tous
rendus fous.

Cela accordé au Docteur Tralles,
c'est sans fondement qu'on s'est imaginé
que les sensations se portoient jusqu'au
Cerveau, où elles ne faisoient que passer,
plus vîte que l'Eclair, au travers du cri-
ble des Organes des sens ; & même que
le Principe sensitif, ou l'Ame, ne recevoit
aucune sensation, si elle ne pénétroit jusqu'au Cerveau, qui est prouvé par tant
d'Expériences & d'observations incon-
testables être le siége de cette divine substance.

Ne dissimulons cependant rien ; il
est des Hypothèses favorables à la propagation ultérieure des sons, des images,
en un mot des sensations. Je vais les
exposer.

Les Objets sont représentés au fond
de l'oeil sur la Rétine ; cette membrane
est

eſt l'expanſion du Nerf Optique ; ce Nerf part de la moëlle du Cerveau ; il eſt compoſé de fibres circulairement arrangées, qui forment une cavité imperceptible, dans la quelle coulent les Eſprits Animaux auſſi inviſibles que cette cavité. Or on conçoit aiſément dans ce tube nerveux, autant de petites fibres, qu'il y a de points dans l'Image de l'objet, deſorte que chacune étant ébranlée par l'action des rayons qui forment cette Image, ſemble pouvoir porter au Cerveau, qui doit le rendre à l'Ame, un ébranlement toûjours diminitivement proportionel, à meſure qu'il ſe propage, au point coloré, ou à l'impreſſion qu'elle a reçüe.

Tel eſt le premier Syſtème, qui n'eſt peut-être *ſolide*, que du nom des parties qu'on met en jeu, pour expliquer ce Phénomène.

Voici le ſecond. Ce n'eſt plus l'ondulation des fibres nerveuſes, qui produit les ſenſations dans le Cerveau ; c'eſt le reflux des Eſprits, comme effarouchés. Globuleux, ils roulent en tous ſens avec facilité ; ils peuvent reculer & avancer ; tous à la file, dans une ſeule fibrille, com-

me

me les Caroffes du Cours dans une allée
(je ne trouve point de comparaifon plus
fenfible,) les prémiers font à peine mis
en branle, qu' ils rétrogradent, preffent
les feconds, ceux-ci les troifiémes ; &
ainfi toujours de fuite, comme à la Mer
retirante, dont ils font la très fubtile Image, jusqu' à ce qu' enfin toutes les files
ou féries d'Efprits parviennent à cette
partie du Cerveau, que perfonne n' a jamais vüe, fi ce n'eft feu Mr. de la Pey-
ronie, ou qu' on a vüe, fans la connoitre,
& que les Medecins nomment *fenforium
commune* ; le quel *fenforium* a été placé
presque dans toutes les parties du Cerveau, mais principalement (depuis qu' il
a été détroné de la glande Pinéale,) dans
le corps caleux, & dans ce point où l'on
a fauffement conjecture que fe raffem-
bloient tous les Nerfs.

A prefent fera-ce le Choc du liqui-
de, fi étonnement mobile & délié, qui
produira la fenfation proprement dite ?
Sera-ce le retour des Efprits refoulés,
comme le Jourdain, contre leur origine ?
Ou fera-ce le mouvement continue le
long de la Corde optique folide ?

A'

A Dieu ne plaiſe que nous admettions aucun de ces Syſtèmes! Nous marchons avec trop de Zêle ſur les pas du *Pluche* de la faculté de Breslau. *Quelle Idée aurions nous de nôtre Ame*, ſi les ſenſations qui la déterminent, dépendoient d'un changement proportionel à ce point presque Mathematique dont j'ai parlé; dépendoient d'une diviſion à l'infini de la matière ſenſitive, laquelle n'eſt elle même que le mouvement imprimé au Nerf, mouvement que certains, à cauſe de ſa ſubtilité, ont cru lui même immatériel? La belle ſenſation, qui ſeroit produite par un ſeul point coloré, ſonore &c, dont l'effet ſe partageroit à toute une immenſe ſuite de globules nerveux! La belle Ame, qui ne ſentiroit & ne penſeroit, qu'en conſéquence d'une Impreſſion qui iroit toûjours s'affoibliſſant, pour mourir enfin à ſa dernière retraite! La Nature peut bien reconnoitre une ſi grande ſimplicité; mais ce qui lui fait honneur, n'en fait point à un Etre incompréhenſible, qui eſt autant au deſſus d'elle, que le Ciel l'eſt de la terre. *Longo jam proximus intervallo.*

                                Je

JE ne veux point fermer les yeux sur tout ce qu'on allégue, ou peut alléguer en faveur de l'une ou de l'autre Hypothèse. Je conviens que le fardeau d'une Image si infiniment divisée, ne seroit pas plus difficile à porter d'un coté, qu'à recevoir de l'autre ; soit dans la supposition du reflux des Esprits, soit dans celle de la Marche du mouvement, ou de la propagation du changement des Organes sensitifs. Je sai qu'il y a une parfaite Analogie qu'on n'a point encore assés fait valoir, entre la Rétine & le Cerveau : Que ces deux substances nous offrent le même spectacle ; même blancheur, même mollesse, même délicatesse par tout, tant vasculeuse que nerveuse. La branche ressemble au tronc ; & le pavillon ou l'Antichambre, à l'appartement du Maitre. J'ajouterai une chose qui ne s'est presentée à aucun Auteur que je sache ; c'est que la parfaite Homogénéité ou similitude que je viens de remarquer, me paroit être la raison probable pour la quelle la Vision se fait toûjours sur la Rétine ; excepté chès ceux qui, pour mieux voir, ont apparemment cru qu'il étoit à propos de couvrir d'un

voi-

voile noir le verre de la lanterne magique, je veux dire d'abſorber les rayons dans la noirceur de la Choroïde.

QUE vous dirai-je de plus ? Que le Nerf Optique ne paroit s'inſinuer dans l'orbite & percer l'oeil, que pour y venir chercher l'Impreſſion des Corps au devant des quels ce tube nerveux paroit s'avancer ; qu'il ne ſemble embraſſer les humeurs de l'oeil ainſi nommées, quoique improprement ou aſſés mal, que pour réunir plus de rayons raſſemblés dans la vaſte & mince étendüe de ſa ſurface déployée ; pour ne rien laiſſer échaper; ne rien perdre, & tout mieux ſentir par ſa fineſſe exquiſe. Quoi encore ? Que les maladies du Nerf Optique arrêtent en chemin la matière, ou le mouvement qui alloit faire ſentir le Cerveau, & l'Ame dans ce Viſcère, comme la preſſion arrête ou étouffe le ſon, au lieu même où elle ſe fait, d'autant plus, qu'elle eſt plus forte.

MAIS voyez, je vous prie, combien dangereuſes ſont les conſéquences de telles Hypothèſes ! Elles ne vont rien moins qu'à prouver, Iº· que les Impreſſions des Corps vont, malgré Tralles,

frap-

frapper le Cerveau dans la santé, puis qu'il n'y a que les maladies, ou les obstacles qu'elles font intervenir au commerce interrompu des deux substances, qui puissent s'opposer à cette propagation. IIº· Les mêmes conclusions, si elles n'étoient pas *forcées*, sembleroient donner gain de Cause au Pitoiable Auteur de *l'Homme Machine*, en faisant du Cerveau une Espèce de nape blanche, tendüe exprès au dedans du Crâne pour recevoir l'image des Objets, du fond de l'oeil; comme la serviette appliquée au mur la reçoit, du fond de la Lanterne magique. Or cela ne crie-t-il pas Vengeance de rappeller aussi hardiment le Système d'Epicure dans un tems aussi éclairé par la Religion, que le nôtre; Système, qui dans celui de Ciceron, brillant Philosophe, étoit déjà fort décrié, & tourné en ridicule.

Ce n'est pas tout; bien d'autres calamités coulent de la même source empoisonée. Le *sensorium* est dans ce Cerveau, & l'Ame dans ce *sensorium*, non comme ces boëtes de Nuremberg, mais comme un timbre dans une montre. Ce timbre ne sonne pas toûjours; il est seulement

toû-

toûjours prêt à fonner, à *interroger l'heure* au premier coup de marteau, comme parle le triomphant rival de Lucréce, dans un Poëme moderne qu'on ne peut comparer à l'ancien. Mais qui donne ce coup? Faut-il le répeter? Le choc des fluides rétrogradans, ou des folides, qui ne peuvent être ébranlés, fans ébranler l'Ame, la quelle eft, pour ainfi dire, à l'extrémité du Bâton, où, comme on fait, la force du mouvement portée de fibres en fibres, fe fait principalement fentir. Quelle Hypothèfe plus malheureufe & plus impie!

Loin d'ici tous ces agens corporels & groffiers, qui déshonorent les Ames animales par des comparaifons mécaniques & triviales, bien dignes des vils ouvriers qui les font. Qui voit, qui entend, qui fent par foi même & de loin, n'a que faire qu'on ait la complaifance d'aller au devant d'elle, pour obvier à une foiblesse de Myope, que ne peut avoir une vüe auffi forte que celle de nôtre Ame. Loin d'ici encore une fois toute Doctrine, qui fait du Cerveau une table originairement rafe & polie, fur la quelle rien ne viendroit fe deffiner, fans cette

ouver-

ouverture des fens où paffe toute la Nature ; mais qui ainfi vitrée ; pour être magnifiquement ornée & former un jour la plus belle Galerie de Tableaux, n'attend que les couleurs de la Nature & la ciseau de l'éducation. Une telle Doctrine en effet, comme tout ce qui conduit au Matérialisme, devroit être despotiquement bannie, ou plutôt punie.

MAIS que j'aime la Contradiction, ou dumoins l'irréfolution dans la quelle, dira-je le disciple, ou le rival de Boerhaave, & après lui l'admirateur de Haller, fait tomber ce grand homme, lorsqu'au lieu de lui faire fimplement expofer les Syftèmes, comme il a vraifemblablement fait dans tous lestems, on lui fait expliquer en vacillant la Vifion, tantôt par une Hypothèfe, & tantôt par une autre ! Ce qui fait bien voir, dit-on, quel Labyrinthe fans iffûe eft la Vifion, puisqu'un tel homme ne fait quel parti prendre & enfeigner. *O Commentatores doctum Pecus !* Savantes *Machoires !*

QUOI de plus propre à dégouter des Syftèmes ! Et que Tralles montre de

Ju-

Jugement, en rejettant ceux mêmes qui semblent nous forcer d'en choisir un!

CONCLUONS donc avec ce judicieux Auteur que le Cerveau a beau attendre & paroitre fait exprès pour recevoir une nouvelle modification, avec celle des Organes qui la lui transmettent, il ne lui vient pas le moindre lambeau d'Image; pas le moindre rayon sonore; pas la moindre réfléxion de lumière. Le jour est dans l'oeil, & la nuit dans la tête. En conséquence de ce jour jour là, l'Ame voit cependant. O prodige! O mystère! C'est tout ce qu'on fait. Newton, le grand Newton qui semble avoir passé les bornes de l'Esprit humain, monté, l'optique à la main, sur les Epaules quarrées de tous ces Animaux qu'on appelle Anatomistes, n'en savoit par davantage. Au fait de la chose, il ignoroit le *quo-modo*. Et celui qui a été tout ensemble l'Architecte & le Réformateur d'un Art, dont les Manœuvres que je viens de nommer lui ont fourni, n'en déplaise à Tralles, presque tous les matériaux, portant cependant devant soi le flambeau d'une toute autre Théorie que l'immortel Anglois, n'en a pas vû plus loin. " A l'oc-
„ casion

„ cafion de la peinture des Objets fur la
„ Rétine, difoit il, l'Ame voit : Je ne fai
„ rien de plus (fi ce n'eft des Syftêmes)
„ fur tous les fens, dont je me fais gloire
„ d'ignorer l'action ultérieure & immé-
„ diate. „

Si Telle eft la pénétration de l'E-
fprit humain dans ceux qui l'ont portée
le plus loin, que l'Homme a bien fujet
de s'en orgueillir !

Enfin peu m'importent tout les
Syftèmes ; il eft facile de fe confoler d'
une ignorance que les feuls ignorans n'
avoüent point. Je plaide pour l'Ame
de mes frères ; & pourvû que ce foit elle
qui voie, & non le Corps, c'eft tout ce
que je demande ; car ce qui dit d'un fens,
eft auffi applicable à tous les autres, que
ce qui dit des Animaux, l'eft mutuelle-
ment à l'Homme. Or Ariftote m'accorde cette grande vérité, lui qui n'eft
pas accufé de favorifer le Spiritualisme.
Tant mieux, plus de difpute ; j'ai trou-
vé le point fixe, d'où je vais partir pour
dépouiller des Organes injuftement élevés fur les débris du Principe qui les anime, & détroner pour jamais le Tyran us-
urpateur de l'Empire de l'Ame ; c'eft la

ma-

matière, à la quelle il eſt tems de faire ſuccéder *l'Eſprit.*

TOUT le domaine de nôtre vaſte entendement vient d'être réduit à un ſeul principe par un jeune Philoſophe que je mets autant au deſſus de Locke, que celui cy au deſſus de Descartes, de Mallebranche, de Leibnitz, de Wolff &c. Ce Principe s'appelle Perception, & il naît de la ſenſation qui ſe fait dans le Cerveau.

C'EST une choſe aſſés ſingulière, qu' après avoir nié la propagation de l'impreſſion des ſens jusqu'au Cerveau, j'admette cependant ce qui la ſuppoſe; mais Tralles vous l'avoüera, nous autres Auteurs, Gens diſtraits, nous perdons de vüe nos Principes; nous accordons ce que nous avons nié; nous nions ce que nous avons accordé; & comme les Astronomes ne s'étonnent pas d'une erreur de quelques milliers de lieües dans leurs Calculs de la diſtance des Planetes, ſuivant Mr. de Fontenelle, une douzaine de Contradictions nous ſemblent une Bagatelle, tant l'art eſt difficile!

Au fond ne vaut-il pas mieux rendre enfin juſtice à la vérité, que de s'opiniatrer, comme un ſot, contr' elle?
Oui,

Oui, le changement que l'action des corps externes occafionne dans les Nerfs des Organes fenfitifs, eft porté par ces tuiaux au Cerveau, qui éprouve, en conféquence du nouveau mouvement qu'il reçoit, une modification nouvelle; & par elle, une nouvelle façon de fentir, à la quelle on a donné le nom de *fenfation*. Ce que portent les Nerfs ébranlés, n'en eft que la matière, ou la caufe matérielle. Otés cette fenfation, comme dans tous les cas, où ce qui alloit la produire, eft arrêté en chemin, comme par d'infurmontables *Ganglions*; vous n'aurés point de perception : L'Ame n'apercevra pas plus, que ne fentira le Cerveau.

Ainsi en faifant l'expofition de cette nouvelle Doctrine, demandons grace pour tant de paroles perdües : à condition cependant qu'il nous fera permis de ne pas dire des chofes à l'avenir. Car qui en dit? Dans cette Idée nous fuivrons le célèbre Commentateur de Leibnitz.

Les fenfations forment ce que Wolf appelle les *Idées matérielles*; les Perceptions forment les *Idées fenfitives*. Les Idées matérielles font naitre les Idées fenfitives, & réciproquement celles-ci don-

donnent lieu à la génération de celles-là.

TEL sentiment, telle perception répond donc toûjours à telle sensation ; & telle sensation, à tel sentiment : de sorte que la même disposition physique du Cerveau produit toûjours les mêmes Idées, ou la même disposition Métaphysique dans l' Ame. Vous croirés peut-être que cette perpétuelle coéxistence, & Identité entre ces deux fabriques d' Idées corporelles & incorporelles, est un vrai Matérialisme. Point du tout. Wolff vous assurera que cela n' empêche pas leur distinction essentielle ; que les premières sont Enfans de là Chair & du sang ; tandis que les secondes plus sublimes s'élevent à l'Etre, au quel elles appartiennent, l'Esprit pur. D'où il s'ensuit que les unes ne sont que des causes accidentelles ou occasionnelles, mais nullement essentielles ou absolües des autres.

MAIS pour former ces Idées matérielles, Wolff a dû admettre cette propagation jusqu' au Cerveau, des impressions produites par les corps externes sur les Organes sensitifs ; aussi ne s'y est-il

C   pas

pas refuſé. Il conſent que les Nerfs ſoient ébranlés juſqu'à leur Origine ; & c'eſt la nouvelle modification produite par cet ébranlement, qu'il a jugé à propos d'appeller Idées matérielles : Mais il ne veut pas qu'elles demeurent plus longtems tracées dans le Viſcère de l'Ame, que Tralles, les Images des objets repréſentés ſur la Rétine. Il veut encore que les Idées ſenſitives aient le même ſort, qu'elles s'éclipſent, quand l'attention ceſſe d'être appliquée à ces perceptions ; que l'Ame les perde de vüe, & ne puiſſe enfin ſe les rappeller que par la Mémoire, par l'Imagination, ou par une cauſe ou diſpoſition interne corporelle, tout à fait ſemblable à celle qui avoit originairement occaſionné ces perceptions. Voici comment cela peut mieux, dit-on, ſe concevoir. Quoique ces deux genres ſi différens d'Idées ne ſoient point *actu*, ni dans le Cerveau, ni dans l'Ame, elles ſont cependant *potentiellement*, comme parle nôtre Docteur, dans ces deux ſubſtances ; de manière que, *poſitis ponendis*, elles pourront s'exciter & s'engendrer tour à tour. Telle cauſe externe, je le ſuppoſe, aura fait naitre telle ſenſation ;

telle

telle cause interne corporelle aura en-
suite la même vertu ; mais la même Idée
matérielle, comme on l'a dit, réveille
toûjours le même sentiment de l'Ame,
qu'elle a une fois produit, comme ce sentiment donne lieu à la sensation dont il est
émané. Ce qui est toûjours vrai, soit
que l'Idée sensitive naisse de l'Idée matérielle, ou des causes incorporelles dont
j'ai fait mention.

TEL est ce flux & reflux continuel
de mouvemens, de sensations, & de pensées, qui se répondent si parfaitement,
qu'un Géomètre ne manqueroit pas de
dire qu'il est clair que l'Ame est au corps,
ce que le corps est à l'Ame, & réciproquement, dans la plus grande exactitude.
Mais les Idées raisonnables, spirituelles,
réfléchies, sont sans doute aussi intimément liées aux sensitives, que celles-ci le
font aux Matérielles. On observe par
tout la même chaîne & les mêmes dé-
pendances. Le Cerveau reçoit une nouvelle Impression ? Nouvelle Idée dans
l'Ame. Celle-ci s'affecte d'une nouvelle
Idée ? Non seulement il en résulte les
mêmes mouvemens & les mêmes sensations dans le Corps ; mais si cette affec-

tion

tion eſt profonde, l'attention s'en mêle ; c'eſt elle qui la conſidère, l'examine, la retourne. Alors elle prend le nom de Réflexion, faculté de l'Ame qui ſert à combiner un ſentiment & tous ſes rapports avec une infinité d'autres qui ſe repréſentent par les cauſes ſpirituelles ou corporelles dont on a parlé. C'eſt ainſi que l'Ame n'a qu'à ſe réplier en quelque ſorte ſur elle même, pour exercer ſes plus brillantes facultés, les étendre, montrer du génie, de la force, de la ſagacité ; ſemblable à un rayon qui ne ſe réfléchit point, ſans devenir plus actif ; ou, ſi l'on veut, à une Draperie qu'un heureux pli du Peintre ou du Graveur embellit.

LAISSONS l'Hypothèſe des Perceptions Wolffiennes, déjà donnée dans tant d'Ouvrages, & particulièrement en peu de mots dans *l' Hiſtoire Naturelle de l' Ame.* Quelque plaiſante qu'elle ſoit, il ſera encore plus agréable, de contempler le merveilleux concert du Corps & de l' Ame dans la mutuelle Génération de leurs goûts & de leurs Idées ; & c'eſt un Apologue Original, de je ne ſai quel Auteur badin, qui va nous ce donner petit divertiſſement Philoſophique. Le Cerveau

par-

parle le prémier, & l'Ame répond.

D. „ Comment trouvés vous le sucre?
R. „ Comme vous, doux.
D. „ Le Jus de Citron ?
R. „ Acide.
D. „ L'Esprit de Vitriol ?
R. „ Beaucoup plus acide.
D. „ Le Quinquina ?
R. „ Amer.
D. „ Le sel marin ? &c:
R. „ Sottes questions ! Comme vous,
„ encore une fois, & toûjours com-
„ me vous. Depuis que j'ai perdu
„ les *Idées innées* & les belles préroga-
„ tives dont Descartes & Staahl m'a-
„ voient si généreusement gratifiée,
„ êtes vous à savoir que je ne reçois
„ rien que de vous, & que vous ne
„ recevés rien que de moi ; que je
„ ne me gouverne que par vos vo-
„ lontés, comme vous ne vous réglés
„ que sur les miennes. Ainsi donc
„ point de dispute & grand silence,
„ nous sommes faits pour être toû-
„ jours d'accord. Les Préjugés seuls
„ pouvoient mettre le Divorce, où
„ sont naturellement la Complaisance
„ & les mêmes penchans.

C 3

RIEN

RIEN de plus jufte, rien de plus fenfé, rien de plus conforme au vrai, que ces réponfes de l'Ame. Il étoit difficile de mieux *peindre*, quoiqu' en riant, le commerce intime des deux Subftances, & la Génération réciproque des Idées de l'Ame par celles du Corps : *Ridendo dicere verum, quid vetat ?* En effet chacun n'a qu'à rentrer en foi, pour fentir que l'Ame n'eft pas plus contrédite par le Cerveau, tout groffier qu'il paroît, que lui même ne l'eft par l'Ame, beaucoup plus polie. Mêmes fenfations, toutes chofes égales, mêmes Goûts des deux parts, mêmes Opinions, même façon de fentir & de penfer. Si l'Ame en change avec le Corps, le Corps en change avec l'Ame. Enfin l'imitation eft fi parfaite, qu'on peut dire que c'eft une vraie fingerie, ou une vraie Comédie qui fe joüe dans le Cerveau, foit qu'on rêve, foit qu' on veille, fans qu'on puiffe décider le quel du Corps & de l'Ame a été le premier Acteur, ou, fi l'on veut, le prémier finge, parcequ'on ne fait lequel des deux a commencé le premier. Et c'eft apparemment ce qui aura jetté dans le Matérialisme tous ces petits Philofophes qui

ne

ne jugent que sur l'écorce des cho-
ses.

N'OUTRONS rien : quelqu' unis &
intimément liés que soient entr' eux l'A-
me & le Cerveau, leur bonne intelligence ne dure pas toûjours. C'est comme
en Mariage ; le ménage va mal, quand
les coeurs sont mal assortis. Deux
Chiens pris ensemble, ne tirent pas plus,
chacun de son côté, qu'une pauvre Ame
timorée par le scrupule, & des Nerfs,
qui, si on les laissoit faire, imaginent qu'
ils auroient bien du plaisir à le braver.
De là, de cette source empoisonnée, toutes ces contrarietés qui ont fait imaginer
plusieurs Ames aux Philosophes embaras-
sés de diviner l'Enigme de l'Homme ;
de là ces peines & ces combats, si flat
pour la Raison & pour la vertu, quand
elles peuvent par hazard faire pancher
la balance de leur côté & remporter la
Victoire.

PLUS l'Education est contraire à la
Nature, plus il en résulte dans le cou-
rant de la Vie d'Incompatibileté entre
les deux substances. La vaincre, cette
contrariété, c'est le triomphe de l'Homme, qui seul a ce pouvoir, comme je le

C 4   dirai

dirai plus au long, lorsque j'aurai occa-
fion de faire fentir combien l'Homme,
tout Animal qu' il eft, eft cependant au
deffus de tous les Animaux. Je ne né-
gligerai pas de dire en paffant qu' il y a
eu des Philofophes qui ont fingulière-
ment expliqué cette bizarre contradiction
de l'Homme avec lui même ; c'eft par la
méprife des Ames, qui fe trompant de
porte, entrent dans les corps qui ne leur
conviennent pas, & laiffent là ceux qui
leur étoient deftinés. Ce font ces étour-
dies, dit-on, qui font les Gens diftraits,
ceux qui prennent la femme d'autrui
pour la leur, ceux qui fifflent, chantent
danfent, ou tournent le dos, au moment
même qu' on répond aux queftions qu'
ils viennent de faire. Si cela étoit, l'A-
me d'un Poëte pourroit bien ne pas s'ac-
comoder de ces méprifes ; elle ne fe
trouveroit pas à l'aife, ni tranquille dans
un fang bouillant & courageux. Toûjours inquiéte & en proye aux plus grandes anxietés, elle n'auroit d'autre reffour-
ce que celle des Plantes transplantées ;
car alors dégénérer, c'eft aquérir. Mais
le fang auroit-il tant d'influence fur l'A-
me ? Il n' y a qu'un Medecin qui puiffe
fou-

foutenir ce Paradoxe. *Tres medici, duo Athei.* Wolff n'a pas été la dupe de leur Matérialifme le mieux masqué.

METTONS un Verni sérieux fur ce badinage ; et puisque nous en fommes à l'entrée de l'Ame dans les corps animes, & que cela nous conduit naturellement au Myftère de l'union des Subftances, faifons ici quelques queftions à ce fujet avec toute la Modeftie qui nous convient.

L'AME feroit-elle attirée dans les Corps des Animaux, du fein de la Divinite' dont Platon, enchante' de la beauté de la fienne, a voulu qu'elle fît portion, y feroit-elle attirée, comme une Planète l'eft par une autre Planète ? Seroit-ce par fa propre impulfion, plutôt que par attraction ? Seroit-ce par un mouvement machinal, qu'elle feroit portée vers nous, ou par ce mouvement de pitie', de compaffion, ou d'humanite' qui nous engage à montrer le chemin à un malheureux qui s'égare ? Auroit-elle defcendu du Ciel fur la Terre, pour nous éclairer dans les ténébres & les préjugés de la Vie ? Hélas ! Pour un, dont elle fecoüe le joug, elle reçoit les Entraves de cent.

C 5

N'AU-

N'auroit elle pas plus de goût, plus de Sympathie à s'unir à telle Machine, qu'à telle autre, afin de compenser des refforts d'une trop grande vivacité par le Phlegme de la Raifon & du bon féns; & réciproquement la lenteur des roües du corps, par fon action & par fon feu? La Sympathie que nous éprouvons tous les jours dans les cercles & auprès des Tapis verds, rend cette conjecture plaufible.   „ Il eft des noeuds fecrets, il eft „ des Sympathies, dont par le doux rap- „ port les Ames afforties, s'attachent l' „ une à l'autre, & fe laiffent piquer par „ ce je ne fai quoi qu'on ne peut expli- „ quer.

Mais tout ceci ne touche point en- core le but que je me fuis propofé.   Par quelle forte d'emboitement, d'Articula- tion, de Charnière, de contact enfin, l' Ame feroit-elle agencée avec le Cerveau? Surnageroit-elle fur fa fuperficie, comme l'huile fur l'eau; beaucoup plus active fur le corps, quoique moins nubile à fes particules les plus mobiles & les plus dé- liées? Cette union vous paroit étrange! Mais le plus précieux des Métaux, l'or ne s'amalgame-t-il pas fans peine avec un

vil

vil fémi métal.   Ainfi le pur Efprit qui nous anime, fe fondroit avec quelque point Cortical ou Médullaire du Cerveau.   Ainfi le *Mercure* de nos Ames, pour emprunter cette autre comparaifon de la Chymie, s'amalgameroit ici avec le *fer* de nos Organes, fans qu' aucunes *Crudités* puffent l'en empêcher.

MAIS non, queftions frivoles & puériles, toutes celles qu'on peut faire à ce fujet ! Songeons que ce qui eft corps, fe lie étroitement à ce qui ne l'eft pas ; ce qu'on conçoit, à ce dont on n'a aucune ombre d'Idée ; ce qui n'a point de parties, à ce qui en a : ce qui ne peut être ni vû, ni touche', ni foumis en aucune manière à nos fens, à ce qu' il y a de plus fenfible, de plus groffier, de plus palpable.   Songeons que le vifible fe joint à l' invifible, le matériel au fpirituel, l'indivifible au divifible à l'infini.   Comment une auffi foible Intelligence que la nôtre, pourroit-elle comprendre l'Ouvrage d' un Dieu, qui pour fe jouer de fières Marionettes, a voulu par fa toute Puiffance unir deux chofes auffi contraires que le feu & l'eau, & ferrer d'étroits liens, ce qui n'offre aucune prife l'un à l'autre ?

Hé-

Hélas ! comme dit plaifamment Voltaire,
„ nous ignorons comment on fait des
„ Enfans, & nous voulons favoir com-
„ ment on fait des Idées.„   L'union de
la Caufe eft auffi incompréhenfible que
la Génération de fes effets.

MAIS que dis-je ! Pardon Leibnitziens ; vous avés appris à l' Europe éton-
née que ce n'eft que Métaphyfiquement
que font liées les deux fubftances qui com-
pofent l'Homme, & que, quoique l'Ame
n'habitât point dans le Corps, elle n'en
exerçoit pas moins fur lui un Empire
harmonique & corrélatif.   Ainfi voilà
un grand Myftère dévoile' ! Quelle fa-
gacite' d'avoir fenti les inconvéniens de
placer l'Ame dans un lieu, où il n'y a que
du mouvement, & où elle ne pouvoit
agir que par ce mouvement Mécanique !

QUOIQU' il en foit, comme c'eft par
la volonte' que l'Ame agit, & que c'eft elle
qui fait fa gloire & fon triomphe, nous
allons un peu moins légérement que
nous n'avons fait, expofer fa force & fon
defpotifme fur le Corps.

NON feulement il eft certain, (&
perfonne n'en peut disconvenir, fans
avoir perdu le bon fens) que le Corps
                                                eft

eſt ſoumis à la Volonté dans les Animaux, mais on voit qu'elle ſe fait obéir plus vîte que l'éclair ne parcourt ; tant elle ſemble tenir en Souveraine les Rênes des Organes qui lui ſont ſubordonnés. Figurés vous la Volonté, pour en avoir une belle Image, lançant du haut de la glande Pinéale, ou d'ailleurs (puisqu'elle en eſt déchüe, malgré l'Autorité de Descartes) lançant, dis-je, ſes Eſprits, comme Iupiter lance ſa foudre du haut des Nües. Voilà ſes Miniſtres, la Volonté dit, les Eſprits volent, & les Muscles obéiſſent. Or Voici comment tout cela ſe fait.

La Moëlle Epinière, n'eſt que la Moëlle allongée plus raſſemblée, plus compacte ; on peut dire que c'eſt le Cerveau même, qui descend, s'accommode, & ſe moule au Canal des Vertébres. Combien de Nerfs partent de la Subſtance médullaire de ce canal ! Et que ſont-ils eux mêmes ? Une prolongation en forme de petits cordons, de cette Moëlle de l'Epine ; de cordons creux, dans la cavité des quels ſe fait une vraie circulation d'Eſprits Animaux, comme de ſang dans les vaiſſeaux ſanguins, & de Lymphe dans les vaiſſeaux Lymphatiques, quoique

que les yeux armés des plus excellens
microcospes n'aient jamais pû voir, ni
toute l'induſtrie Anatomique découvrir,
ni ce ſubtil fluide, ni le dedans des tuiaux qu'il parcourt avec la vivacité de la
lumière.   Ces Eſprits qu'on admet, quoiqu' inviſibles, tandis que tant de libertins
ne croient point à l'Ame, parcequ'elle ne
tombe pas ſous les ſens, ces Eſprits, dis-
je, ſont originairement une production
du plus pur ſang de l'Animal, de celui
qui monte au Cerveau, tandis qu'il eſt
néceſſaire que le plus épais deſcende ;
c'eſt ce ſang vif & mobile qui les donne
à filtrer ; ils paſſent de la ſubſtance Cor-
ticale dans la Médullaire, enſuite dans la
Moëlle allongée, dans celle de l'Epine,
& enfin dans les Nerfs qui en partent,
pour aller, inviſiblement gros d'Eſprits,
porter avec eux le ſentiment & la vie
dans toutes les parties du Corps.

ARRIVÉS aux Muscles, ces Nerfs s'
inſinüent dans leur maſſe, s'y diſtribuent
par tout, & s'y ramifient, jusqu'à s'y
perdre enfin.   On ne peut plus les ſuivre, ils ſe dérobent aux meilleures lou-
pes, aux plus ſubtiles injections ; il n'y
a point d'art connu pour les débrouiller

&

& les découvrir ; on ne fait, & vraifemblablement on ignorera toûjours ce qu'
ils deviennent. Mais comme tout ce qui
prend vie dans les Animaux fent la moindre piqueure, il eft probable que ces Organes du mouvement & du fentiment,
ou fe changent en fibres grêles mufcu-
leufes, (qui alors feroient conféquem-
ment une vraie prolongation des Nerfs,
comme les Poils,) ou pénétrent tellement ces fibres, & s'entrelacent fi bien
avec elles, qu'il n'eft pas poffible de trouver un feul point dans un mufcle, dont
le fentiment ne manifefte pas la préfence,
ou le mêlange du Nerf ; et c'eft auffi à
peu près ce que penfent les Anatomiftes
les plus Sceptiques. Je n'en connois point qui le foient plus que le célébre Auteur de ces Planches immortelles, qui
ont rejetté dans l'oubli celles-là mêmes
qu'il en avoit fi favamment tirées.

Telle eft la force qui contracte les
Mufcles, & le chemin que la volonté, &
fouvent à la vérité la Machine même,
lui fait faire. On juge aifément que ce
chemin étant libre & ouvert depuis le
commencement jufqu'à la fin, on juge
dis-je, que le fuc nerveux peut fans nul
délai,

délai, & même fans aucun intervalle de tems fenfible, fe rendre, dés que l'Ame commande, aux parties qu'on veut remuer.

CETTE force, comme on voit, ne peut être foupçonnée d'être inhérente au corps des Mufcles, elle leur eft tout à fait étrangère, & n'a rien de commun avec celle qui leur eft propre; mais l' une fert à exciter l'autre, il ne lui faut qu' un inftant pour aller à elle, & voler à fon fecours.

TELLE eft la facilité que les deux puiffances du corps ont de fe joindre & de fe réunir, pour faire, fuivant le langage de l'Ecole, un *Aggrégat* de forces compofées de celle qui eft infiniment mobile, & de celle qui eft abfolument immobile par raport aux Parties où elle réfide.

RIEN n'étoit plus néceffaire que cette promte réunion, pour favorifer ce grand Agent des corps animés, cet Archée, *(Archoeus faber)* à qui le fentiment doit fon exiftence, comme au fentiment la penfée, je veux dire le mouvement. Certainement l'une fans l'autre n'eût pû produire tant d'effet, fur tout celle du *Paren-*
chyme

chyme, qui eſt la plus foible. Effective-
ment qu'eſt ce que la Contraction ſpon-
tanée ſans les ſecours vitaux ? Et ceux-
ci à leur tour remüeroient-ils ſi puiſſam-
ment de telles Machines, s'ils ne les trou-
voient toûjours prêtes à être miſes en
branle par cette force motrice, par ce
reſſort inné, ſi univerſellement répandu
par tout, qu'il eſt difficile de dire où il
n'eſt pas, & même où il ne ſe manifeſte
pas par des effets ſenſibles, même après
la mort, même en des parties détachées
du Corps, & coupées par morceaux.
Le feu qui fait durer plus longtems la
Contraction du Cœur de la grénoüille,
mis ſur une Aſſiette chauffée, ſeroit-il le
principe moteur dont nous parlons ?
L'Electricié ne rendroit elle point plau-
ſible cette nouvelle conjecture ?

Quoiqu'il en ſoit, pour revenir aux
Eſprits Animaux, ce fluide imperceptible qui ſemble émaner de la volonté,
comme de ſà ſource, pour être transmis
par tant de ruiſſeaux aux Organes du
Mouvement, eſt prouvé par la néceſſité
de l'intégrité des Nerfs pour l'uſage ou l'
éxécution des mouvemens volontaires ;
car ſi les autres canaux, j'entens ceux qui

D

ſe

ſe rendent aux muſcles qu'on veut faire agir, ſont-liés, coupés, ou bouchés, l'Ame déſire & commande vainement ; ces Parties ſont immobiles, jusqu'à ce que ces tuiaux & leurs ſucs ſoient remis en liberté : Mais alors le mouvement, ou le ſentiment, ou l'un & l'autre renaiſſent ſur le champ dans la Partie qui en étoit privée.

Puisqu'il eſt vraiſemblable que chaque dernier filet nerveux s'abouche avec chacune des prémières fibres muſculeuſes, dans les quelles peut-être chaque filet dégénère, on pourroit conclure que les Eſprits Animaux paſſant de cette extrémité du Nerf qui les porte, dans toutes les fibres du muſcle, ſont eux mêmes cette force générale de la vie, dont je parle, & qu'en ſe joignant à celle de chaque partie ſolide, elle en augmente, comme je l'aidit, les Reſſorts : Reſſorts d'autant plus foibles, que la Vie eſt moins forte, puiſqu'ils diminuent & ſemblent ſe retirer avec elle.

Vous ſeriés curieux de ſavoir par quel Mécaniſme un fluide auſſi fin, auſſi délié peut venir à bout de rapprocher les Elémens des fibres, de gonfler de ſi gros muſcles, & de contracter vigoureuſement

de

de si puissans Corps.   J'avoüe que mon Ame se perd, où mes yeux ne voyent goutte ; Mais vous avés Bernoulli, Bellini, tant d'autres, & surtout Borelli, qui vous diront, si vous aimés les Romans, ce qu'ils ont ingénieusement rêvé à ce sujet.

Pour moi je me contenterai d'observer que la cause Physique de la contraction des muscles n'est d'elle même que le premier effet d'une cause Métaphysique, qui est la volonté. Le moyen de faire au Cerveau l'honneur de le regarder comme le premier Moteur des Esprits ! C'est l'élever sur les débris de l'Ame, & lui faire usurper ses droits.   Il y a longtems que *le Cœur de Baglivi* ne bat plus, si ce n'est dans sa tête.   Il faudroit que la dure-mère fût capable de bien autrechose que de coups de Piston.   Il n'y a pas jusqu'aux artères du Cerveau, qui ne soyent très peu musculeuses ; ce qui fait, comme on l'a insinué, qu'elles ont peu d'élasticité.   Et quand elles en auroient davantage, en consçience a-t-on jamais mis l'Ame dans les muscles ? Le Cerveau doit tout jusqu'à la sécrétion de ses Esprits, à l'action du Cœur.   Vou-

lés vous que ce foit ce Viſcère qui les envoie dans les muſcles au gré d'une volonté qu'il n'a pas, car il eſt décidé par
des Sillogiſmes en forme, malgré Locke,
& tous ſes partiſans, que la matière ne
peut vouloir ? Tous les mouvemens ré-
pondront à la fois à la Syſtole du Cœur ;
Il n'y aura plus de diſtinction entre les
volontaires & les involontaires, ils ſe feront tous enſemble avec la même parfaite
égalité, ou plutôt il n'y en aura point de
la première eſpèce ; ils feront tous *Spon-*
tanés, comme ceux d'une vraie Machine
à reſſorts.   Or quoi de plus humiliant !
Nous ne ſerions tous que des Machines
à figure humaine.   Fort bien, Tralles,
optimè arguiſti.

Reconnoissons dans la volonté un
empire que ne peut avoir le Cerveau.
Celui-ci ne nous offre que boüe, fange,
& matière.   Celle-là remüe à ſon gré une
infinité de muſcles : Elle ouvre, ferme
les Spincters, ſuſpend, accélère, peut-
être étouffe la reſpiration dans ceux qui
n'ont point d'autres armes pour ſe ſouſ-
traire au trop peſant fardeau de la vie ;
elle donne des défaillances, des extaſes,
des convulſions, & enfante en un mot

tous

tous ces Miracles qu'une Imagination vive & *Follarde* rend plus faciles qu'on ne
croit.

La volonté feroit-elle donc matérielle, parcequ'elle agit ainſi ſur une matière auſſi déliée que celle des Eſprits?

De tels prodiges pourroient-ils être
rejettés ſur l'activité d'Elemens auſſi
groſſiers que le ſont les plus ſubtiles molécules de nos Corps? La volonté d'un
autre côté, feroit-elle dans le Cerveau,
ſans lui appartenir, ſans en faire partie?
Quoiqu'il en ſoit, elle eſt tout à fait dis-
ſtincte du viſcère qu'elle habite; c'eſt un
illuſte étranger dans une vilaine priſon.

Mais voici une preuve nouvelle de
la Spiritualité de la moité de nôtre Etre;
je la crois tellement ſans replique, que je
défie tous les Matérialiſtes d'y répondre,
Vive Dieu! Quel Dilemme!

Il n'y a dans tous les Corps animés
que ſolides & fluides; les uns ſe ratiſſent
par des frottemens continuels qui les u-
ſent & les conſument. Les autres laiſ-
ſans ceſſe évaporer leurs particules aqueu-
ſes, leurs principes les plus mobiles &
les plus volatils, avec ceux que la Circulation a détachés des vaiſſeaux: Tout

trans-

transpire enſemble, & tout ſe répare de même, (avec uſure, ou ſurcroît jusqu'à un certain âge,) par le merveilleux ouvrage de la nutrition.

A préſent, dites moi, je vous prie, où vous voulés mettre la volonté. Sera-ce dans cequi ſe ratiſſe, ou dans cequi s'évapore? La ferez-vous galopper dans nos veines & courir comme une folle avec nos liqueurs? Dirés-vous que tranquillement aſſiſe ſur ſon trône médullaire, ſans participer en rien à ce qui arrive au Corps, elle voit du haut de ſa grandeur les orages ſe former dans les vaiſſeaux, comme on entend gronder le tonnère ſous ſes piés du haut des Pirénées? Vous n'oſés ſoutenir une ſi étrange opinion! Donc l'Ame eſt diſtincte du Corps. Donc elle habite quelque part hors du Corps. Où? Dieu le ſait, & les Leibnitziens. C'eſt ainſi que nous autres Spiritualiſtes, quoique aſſés fermes & même opiniâtres, chantons quelquefois la Palinodie.

Non encore une fois, non la volonté ne peut être corporelle. Concevés-vous que le Corps, ou quelque partie privilegiée de ce Corps (que vous connoiſ-
ſés

fés fi bien) puiffe tantôt vouloir & tantôt
ne pas vouloir ? Concevés vous matériel, ce qui envoie, tantôt plus, & tantôt
moins d'Efprits, & tantôt point du tout ;
ce qui les fuspend, les fait marcher, courir, voler, ou s'arrêter au gré de fes dé-
firs ? Rendés vous donc au *Spiritualisme*,
à la vüe de l'abfurdite du Syftème contraire. Quelle fimplicité, pour ne pas
dire quelle folie de croire avec Lucréce,
que rien ne peut agir fur un Corps que
ce qui eft Corps ! La volonté étant une
partie de l'Ame, eft inconteftablement
fpirituelle, comme fon tout ; et cependant elle agit vifiblement fur ces Corpuscules déliés qui ont la mobilité, non
du vif argent, non de la *matière fubtile*,
mais de l'Ether & du feu. Et il faut
bien que cela foit, puifque c'eft elle qui
les détermine, qui les met en marche &
leur enfeigne jufqu'au chemin par où ils
doivent paffer ... Mais écoutons nos
adverfaires.

,, COMMENT la volonté peut-elle agir
,, fur le corps ? Quelle prife a-t-elle fur
,, les Efprits Animaux ? Quels font les
,, moyens dont l'Ame fe fert pour faire
,, exécuter fes volontés ?

D 4

,, POUR-

„ Pourquoi le chagrin refferrant le
„ Diamètre des vaiffeaux, y fait-il crou-
„ pir la lie des fluides défféchés ; d’où
„ naiffent les obftructions de l’Imagina-
„ tion, le délire fans fiévre fur un certain
„ objet ; les ris, les pleurs qui fe fuccé-
„ dent tour à tour, & enfin la plus nom-
„ breufe & la plus bizarre cohorte d’ac-
„ cidens Hippocondriaques ; tandisque
„ la joie foüette le fang, comme le libre
„ cours de tous les fluides fait circuler la
„ joie, non feulement dans les veines de
„ de l’Homme gai, mais la fait paffer par
„ communication dans le cercle le plus
„ férieux ? Pourquoi les paffions fi foi-
„ bles dans les uns, fi violentes dans les
„ autres, laiffent-elles icile corps & l’A-
„ me en paix, pour le tourmenter là ?
„ Pourquoi l’irritation de la Paire *vague*
„ *& du Nerf intercoftal* communs aux in-
„ teftins & au cœur, allumant la fiévre,
„ met-elle en fi grand défordre le corps
„ & l’Ame ? Quel eft l’empire des Véfi-
„ cules féminales trop pleines ! Toute
„ l’œconomie des deux fubftances en eft
„ bouleverfée ? Un coup violent fur la
„ tête jette l’Ame la plus ferme en Apo-
„ plexie. Elle ne peut pas plus s’empê-

„ cher

„ cher de voir jaune dans l'Ictère, que
„ le soleil, rouge, au travers du verre ain-
„ fi coloré, fait exprès pour pouvoir im-
„ punément regarder ce bel aftre. En-
„ fin fi telle eft l'abfolüe néceffité des fens,
„ du Cerveau, de telle ou telle autre dis-
„ pofition Phyfique, pour produire les
„ Idées liées à cet arrangement d'Orga-
„ nes ; fi ce qui bouleverfe la Circulati-
„ on & le Cerveau, bouleverfe l'Ame
„ *quant & quant*, comme dit Montagne ;
„ pourquoi recourir à un Etre, qui pa-
„ roit *de raifon*, pour expliquer ce qui
„ eft inexplicable hors du Matérialis-
„ me ? &c.

Rien de plus aifé que de répondre,
s'il ne l'étoit encore plus d'interroger.
Que voulés vous que je vous dife ? Vous
favés déjà tout le miftère. Telle eft l'u-
nion de l'Ame & du Corps, & nous fommes ainfi faits. Voilà toutes les difficul-
tés tranchées d'un feul mot.

Mais le moyen de ne pas s'écrier
avec St. Paul *O Altitudo !* à la vüe de tant
d'incompréhenfibles merveilles ! L'Ame
ne participe en rien de la Nature du
Corps, ni le Corps, de l'Effence de l'A-
D 5
me ;

me ; ils ne se touchent en aucun point ;
ils ne se poussent & ne s'affectent par aucun mouvement ; et cependaut la tris-
tesse de l'Ame flétrit les charmes du corps,
& l'ulcère au poumon ôte la gayété de l'
Esprit.   Compagnons invisibles & insé-
parables, ils sont toûjours ensemble, ou
sains, ou malades.   Mais peut-on être sain
dans un lieu pestiferé ? Peut-on être fort
dans les langueurs ? N'est-il pas naturel
que l'Ame, qui ne fait rien que par le Mi-
nistère des sens, se ressente de leurs plai-
sirs & partage leurs calamités ?

Mais l'Ame que la volupté paroit
avoir absorbée, ne lui céde, ne disparoit
que pour un tems ; elle ne s'étoit éclip-
sée en quelque sorte, que pour reparoi-
tre, plus ou moins brillante, selon la mo-
dération avec laquelle on s'est livré à l'
amour.   La même chose s'observe dans
l'Apoplexie, où tantôt l'Ame qu'un coup
de foudre sembloit avoir frappée, repa-
roit, comme le soleil sur l'horizon, dans
toute sa Splendeur ; & tantôt dépourvüe
de mémoire & de sagacité, souvent im-
bécille.   Mais alors qu'est ce autre chose
qu'un foible Pinçon, qui a pensé être
écra-

écrafé dans fa cage ; ou qui preffé dans un paffage étroit, y a laiffé fes plus belles plumes.

LES bornes de l'empire de la volonté étant en raifon de l'état du Corps, eft-il furprénant que les Organes n'entendent plus, pour ainfi dire, la voix de leur Souveraine, lorsque les chemins de communication font rompus ? Si vous exigés de mon Ame qu'elle léve mon bras, lorsque le *Deltoide* ne reçoit plus le fang artériel ou le fuc nerveux, exigés donc auffi qu'elle faffe marcher droit un boiteux.

QUOIQUE les Organes les plus foumis à la volonté, lui deviennent néceffairement rebelles, quand les conditions de l'obéiffance viennent à manquer, l'Ame s'accoutume cependant peu à peu à cette réfiftance & à cette immobilité des parties ; et fi elle eft fage, elle fe confole aifément de la perte d'un Sceptre qu'elle n'avoit que conditionellement.

RIEN ne réleve tant la dignité et la nobleffe de l'Ame, que de voir fa force & fa puiffance dans un Corps impuiffant & perclus. La volonté, la préfence d'Efprit, le fang froid, la liberté même ne fe foutiennent & ne brillent-elles pas, avec
plus

plus ou moins d'éclat, au travers de tous ces nüages que forment les maladies, les passions ou l'adversité? Quelle gayété dans Scarron! Quel courage dans ces Ames sublimes, dont la force, loin de s'énerver, redouble par les obstacles! Au lieu de succomber au chagrin qui tüe les autres; chez elles, la raison a bientôt fait l'ouvrage du tems.

Si la volonté est esclave, c'est moins du Corps que de la raison; mais elle ne subit ce joug, que pour faire honneur à nôtre histoire, & relever la grandeur & la Majesté de l'Homme.

La Volonté qui commande à tant d'Organes, est en effet quelque fois soumise elle même à la raison, qui lui fait hair en Mère sage, ce qu'elle désiroit en fille indiscréte.

Quoi de plus beau, que de voir cette puissante Maitresse, qui semble tenir l'Homme & tous les Animaux par la bride, en reconnoitre une à son tour, plus despotique encore & bien plus sage: car c'est elle qui, comme un autre Mentor, lui montre le précipice à côté des fleurs; les regrets & les remords, à la suite de la volupté, & lui fait sentir comme d'un

seul

feul regard tout le danger, le vice, ou le
crime qu'il y a de vouloir ce qu'on ne
peut s'empêcher d'aimer.

O Animaux, quoique je fois ici vôtre Apologifte, que je vous trouve infé-
rieurs & fubordonnés à l'Efpéce humaine ? Soumis à une fatalité Stoïque, vôtre
Inftinct n'a point été redreffé, comme le
nôtre, changé en raifon, comme une terre s'améliore, à force de culture. Vous
voulés toûjours ce qu'une fois vous avés
voulu. Fidèles & conftans, vous avés
toûjours, pofées les mêmes circonftan-
ces, les mêmes goûts pour les objets qui
vous plaifent : C'eft qu'un vil plaifir dé
termine tous vos fentimens, vôtre Ame
n'aiant point été élevée à la connoiffance
de ces heureux principes, qui font rou-
gir les gens bien nés, non feulement d'une
volupté, mais d'un défir, ou même du
moindre appétit qui les flate : C'eft que
vous n'avés pas la plus légère Idée de
cette vertu qui *tiroit* fi joliment *l'oreille* de
Seneque. Semblable à l'enfant courageux
qui donne, fans le favoir, des coups de
piés à la mère qui le porte & le nourrit,
nôtre Ame ne regimbe pas moins dans
fa

ſa Matrice, avec une agréable *conſçience,* contre ce qui la déleĉte le plus.

D'où vient cette différence entre l'Inſtinĉt des Animaux & la raiſon humaine ? C'eſt que nous pouvons juger des choſes en elles mêmes; leur Eſſence & leur mérite nous ſont trop connus, pour être, dans tous les âges de la vie, esclaves & dupes de leurs illuſions, au lieu que les bêtes n'ont la faculté de juger que ſur un rapport que le Père Mallebranche a décidé toujours trompeur. Comment ſeroient elles capables de ſentir ce ſingulier Prurit de l'Amour propre, ce noble aiguillon de la vertu, qui nous éleve au faîte de l'Art ſur les débris de la Nature ? Ce ſont de vraies machines bornées à ſuivre pas à pas cette Nature dont le torrent les entraine irréſiſtiblement, ſemblables à de legères chaloupes ſans pilote & ſans avirons, abandonnées au gré des vens & des flots. Enfin faute d'une brillante éducation, dont elles ne ſont point ſusceptibles, elles ſont dépourvües de ce rafinement d'Eſprit & de Raiſon, qui nous fait orgueilleuſement fuir & haïr ce que nôtre volonté eût naturellement cherché & deſiré ; qui nous fait ſiffler & dédaigner

gner ce qu'applaudit & appéte toute la Nature.

JE me fuis livré d'autant plus volontiers à ces réflexions, que je n'ai prétendu à aucuns égards mettre les Animaux au niveau de l'Homme. Si je leur ai donné la même échelle, c'eft avec moins de dégrés ; enforte que je n'accorde volontiers que les Animaux montent avec plus de sûreté & d'un pas plus ferme, que pour nier qu'ils s'élevent auffi haut que nous. Telle eft auffi l'opinion de l'Auteur de *l'Homme Plante* que Tralles propofe fi plaifamment, comme un Modéle de fageffe & de jugement, à l'Auteur de *l'Homme Machine, tout Efprit, felon lui, mais fouvent fans jugement & fans raifonnement, battant métaphoriquement la campagne, fans rien dire ni rien prouver.*

IL ne vous fuffit pas que j'admette en mille endroits de cet ouvrage la fupériorité de l'Homme ; vous voulés que je vous dife ce que c'eft que cette Ame qui nageoit jadis avec les petites anguilles fpermatiques, & que je vous marque exactement la différence qu'il y a entre la vôtre & celle des Animaux. Ah ! fi je connoiffois auffi bien leur Effence, que

celle

celle de la pluspart des Docteurs qui en traitent ! Je ne vous la définirois pas, je vous la dessinerois d'après Nature. Mais hélas ! mon Ame ne se connoît pas plus elle même, qu'elle ne connoitroit l'organe qui lui procure le plaisir du spectacle enchanteur de l'Univers, s'il n'y avoit aucun miroir naturel ou artificiel. Car quelle Idée se forger de ce qu'on ne peut se représenter, faute d'image sensible ! Pour imaginer, il faut avoir vû ; il faut colorer un fond & détacher de ce fond par abstraction des points d'une couleur qui en soit différente ; ce qui se fait avec d'autant moins de fatigue, qu'elle est plus tranchante, comme lorsque j'imagine des Cartes sur un tapis verd : De là vient que les aveugles n'imaginent point, ils n'ont pas comme nous besoin d'imagination, pour combiner : De là vient que nous prononçons sans cesse, tous Philosophes que nous sommes, tant de noms dont nous n'avons aucune Idée ; tels sont ceux de substance, de supôt, de sujet *(substratum,)* & autres sur les quels on s'accorde si peu, que les uns prennent pour substance, pour Nature, être, ou Essence, ce que les autres

tres ne prennent que pour attribut, ou
Mode. *Non semper calamo ludimus.* Voilà de quoi mettre Tralles en fureur.

QUOIQU' il en foit, pour revenir à
nos moutons, plus j'examine ce qui fe
paffe dans les Animaux, plus je me per-
fuade qu'ils pourroient bien avoir deux
Ames ; l'une par la quelle ils fentent, l'
autre par la quelle ils penfent. Ce feroit
trop fimplifier les chofes, que d'en rien
rabattre. Je fai que Willis qui les a fi
adroitement fabriquées ou mifes en oeu-
vre, s'eft très bien paffé de la dernière,
(de la plus belle trempe cependant) pour
expliquer non feulement toutes les opérations animales, mais la génération même de nos Idées : La raifon en eft
que ces deux Ames, fi diftinctes de nom,
n'en conftituent qu'une feule en effet, de
manière qu'il n'eft pas furprenant qu'elles fe reffemblent plus parfaitement que
les deux *Sofies* de Molière, ou les *Menech-
mes* de Renard.

MAIS ici tout eft plein de prodiges ;
on ne peut s'empêcher d'admirer, de
quelque coté qu'on regarde. Quoique
l'Ame fenfitive & l'Ame raifonnable ne
faffent qu'une feule & même fubftance,

E

plus

plus ou moins éclairée, plus ou moins intelligente selon les corps qu'elle habite, cependant la senfation qui appartient à la première, & la raifon qui eft le fruit de la feconde, font, à ce que dit Tralles, abfolument différentes l'une de l'autre. *Rifum teneatis amici.*

Prouvons plus que jamais que l'Ame des Animaux eft éloignée de celle de l'Homme *toto Cœlo.* L'une ne femble occupée que de ce qui peut nourrir fon corps ; l'autre peut s'élever au fublime du Style & des mœurs. Celle-là brille à peine comme l'Anneau de Saturne, ou comme des étoiles de la dernière grandeur : celle-ci eft un vrai foleil, éclairant l'univers, fans fe confumer ; foleil de juftice & d'équité, dont la verité & la vertu font l'éternel aliment. L'Ame humaine fe montre parmi les Animales, comme un Chêne parmi de foibles arbriffeaux, ou plutôt comme un Homme qui penfe, toûjours neuf, toujours créateur, parmi ces Gens à mémoire, vils copiftes, éternels Echos du Parnaffe, qui n'ont plus rien a dire, quand ils ont raconté tout ce qu'ils ont lû ou vû ; ou parmi ces Pédans dont la fade & ftérile

érudi-

érudition se perd dans un fumier de ci-
tations.

QUELLE merveilleuse docilité n'a-
vons--nous pas ? Quelle étonnante ap-
titude aux sçiences ! Il ne nous faut pas
plus de dix ou douze ans, pour appren-
dre à lire & à écrire ; & dix ans encore
suffisent au développement de la Raison.
Il n'y a que le dépouillement des préjugés de l'enfance qui trouve ordinairement trop court le reste de la vie.

QUELLE différence de l'Homme aux
Animaux ? Leur Instinct est trop préco-
ce, c'est un fruit qui ne peut jamais meu-
rir ; Ils ont en venant au monde presque
tout l'esprit qu'ils ont dans la force de
l'âge ; enfin ils n'ont point les organes
de la parole : & quand ils les auroient,
quel parti pourroient-ils en tirer, puisque les plus spirituels d'entr'eux & les
mieux élevés ne prononcent que des
sons qu'ils ne comprennent en aucune
manière, & parlent toûjours, comme
nous parlons souvent, sans s'entendre, à
moins que vous ne vouliés excepter le
perroquet du Chevalier Temple, que je
ne puis voir sans rire aggregé à l'Huma-

nité

nité par un Métaphysicien qui croyoit à peine en Dieu.

Mais soyons justes & impartiaux, & jugeons des Animaux, comme des Hommes. Quand j'en vois qui ne parlent point, on ne me persuadera pas qu'une telle taciturnité soit de l'Esprit, mais aussi je ne pourrois être sûr qu'ils en manquent. Les Animaux ne seroient-ils point de même des gens spéculatifs, plus Raisonnables que Raisonneurs, & aimant beaucoup mieux se taire, que de dire une sottise ? Songeons que le plaisir, le bien-être, leur propre conservation est le but constant où tendent tous les ressorts de leur Machine. Peut-être pour obtenir ce but naturel, n'ont-ils pas trop de toutes leurs facultés intellectuelles & de toute la circonspection dont ils sont capables. Je ne sai donc s'ils ne garderoient point intérieurement, comme un thrésor dont il n'y a rien à perdre, rien à évaporer, toutes les pensées qui leur passent par la tête. Ce qu'il y a seulement de sûr, c'est que si le langage des Animaux est sans Idées, plus heureux en cela, non que les sots, mais que bien des gens d'Esprit, leur conduite ne lui res-

semble

ſemble pas. Nous faiſons le matin, pour ainſi dire, une *toilette d'Eſprit*, pour briller dans les feſtins & dans les Cercles, & le ſoir nous faiſons une démarche, dont nous nous repentons ſouvent toute nôtre vie. L'Homme, Animal *Imaginatif*, ſeroit-il donc plus fait pour avoir de l'Eſprit, que de la Raiſon ?

Passons maintenant à la diverſité des Ames dans chaque Genre, dans chaque Eſpéce, dans chaque individu ; partout là, cette diverſité ſe manifeſte clairement tant chez les Brutes, que chez nous. En effet les Ames n'ont pas toutes la même extraction, ni les mêmes talens : Peu de nobleſſe, beaucoup de rôture ; beaucoup de baſſeſſe, peu de dignité & de grandeur, voilà ce qui ſe remarque communément.

Vous croyés détruire la différence individuelle des Ames dans chaque Eſpéce, parce que l'Anatomie n'en découvre aucune dans les corps qu'elles habitent, à ce que vous dites ! mais par la raiſon même qu'on n'obſerveroit aucune variété (ce qui n'eſt pas) dans les Cerveaux du Singe, du Bœuf, de l'Ane, du Chien, du Chat &c., plus les Ames de ces Ani-

E 3

maux

maux diffèrent par leurs facultés, & plus
il s'enfuit qu'elles ne font point de la
même trempe ou de la même pâte. Dumoins, fi la même farine a été emploiée,
elle n'a point été pétrie de la même façon, la dofe ou la qualité du levain n'a
point été partout précifement la même.
Pardon, Tralles, fi je parle métaphoriquement ; je vois que c'eft une lumière qui
ne fe réflechit point jufqu'aux Commen-
teurs.

PRENÉS parmi tous les Animaux
ceux qui doivent avoir le plus d'Efprit,
felon Mr. Arlet Medecin de Montpellier,
qui a pouffé plus loin que perfonne l'A-
natomie comparée du Cerveau ; & je
doute que fur mille, vous en trouviés
deux qui jouent mieux aux Echecs que
le Singe dont parle Pline, ou auffi bien de
la Guitarre, que celui dont La Motte le
Vayer fait mention, pour l'avoir vû dans
Paris.　On n'exige pas qu'ils en joüent
auffi longtems que Tralles, les plus beaux
talens ennuyent enfin.

Nous n'avons pas tous la même in-
duftrie, la même docilité, ni la même pénétration.　De là, la rareté du génie &
la diverfité des talens dans toute l'étendüe

düe du même Régne. Mais si deux Animaux aussi bien instruits & aussi propres à l'être l'un que l'autre, ne font pas exactement les mêmes progrés, il est évident qu'il y a dans les Ames, comme dans les Corps, une variété essentielle. Leur docilité auroit véritablement les mêmes succés, si leurs Ames étoient précisément les mêmes. Certes nous ferions témoins de bien d'autres prodiges, si l'excellence de la Construction & de l'éducation suffisoit pour les opérer ; et ceux qui font chargés de la dernière, n'auroient pas si souvent à se plaindre de la première. Les Esprits les mieux cultivés souvent restent loin en arrière, tandisque ceux qu'on néglige, marchent à pas de géant, se distinguent, & font, comme en jouant, l'admiration des connoisseurs. Le Maitre retire alors un honneur dû tout entier à la Nature.

En général les Esprits vifs ont beau jeu, ils font bien du chemin en peu de tems, & cela est vrai partout.

Poussons plus loin la considération de la diversité des Ames, & ne restrainons point aux bêtes par orgueil les richesses & la magnificence du Créateur.

Quand

Quand on confidére tout le manége de certains végétaux, comme ils se placent, se préfentent, s'entortillent aux plantes voifines pour la confervation & la multiplication réciproque, on n'ofe blamer les Anciens d'avoir libéralement accordé aux Végétaux une forte d'Inftinct qui leur fuggère les moyens les plus propres pour fe conferver & perpétuer leur efpéce. C'eft auffi ce que n'ont ofé faire quelques favans Botaniftes. Pourquoi donc refufer à ces pauvres plantes ce qui leur eft donné par des Gens qui doivent les connoitre, puifque ordinairement ils ne connoiffent qu'elles?

Non feulement les Plantes ont une Ame, & une Ame de leur fabrique, comme tous les Corps dont les opérations régulieres nous étonnent ; mais il y a une vraie différence dans les Ames Végétales, ainfi que dans la double claffe des Ames Animales. Celui qui nie l'exiftence des Ames Végétales, n'a qu'à nier auffi celle des Léthargiques.

Les différences effentielles dont il s'agit ici, s'obfervent et font plus ou moins grandes dans les Individus de chaque efpéce. Relatifs auffi dans chaque genre

&

& d'une espéce à l'autre, elles sont si exactement graduées, qu'un Auteur dont l'autorité ne peut étre suspecte, car c'est un Ministre du St Evangile, ne fait pas difficulté de nous révéler que l'Ame humaine est à celle des bêtes, ce que l'Ame des Anges est à la nôtre. Ainsi, pour laisser *l'Ame du monde*, Dieu, du haut de ce trône de feu, où l'ont placé les Alchymistes & les anciens Hébreux, regardant toutes les substances célestes qui l'environnent, comme l'impertinent Bouhours regarde un Suisse, rit de voir qu'un Ange se croit de l'Esprit, tout Ange qu'il est, comme Voltaire, en lisant les jugemens de l'Abbé des Fontaines & les vers de la Motte Houdart, de voir l'un s'ériger en Aristarque, & l'autre en Poëte.

Qui pourroit nombrer la multitude immense des Ames intermédiaires qui se trouvent entre celles des plus simples Végétaux, & l'Homme de Génie. Il brille à l'autre extrémité. Apprécions cette étonnante variété, sur celle des Corps ; et je ne crois pas qu'à ce compte nous risquions de nous tromper beaucoup.

E 5

S'il

S' il y a de l'imbécilité dans l'Espéce humaine, & de l'Esprit parmi les Animaux ; si dans le Régne Végétal le bon
grain n'est point sans yvraie, le régne minéral n'est pas moins mêlé, pas moins
bigaré que les deux autres. Comme il
n'y a pas une feüille d'arbre, pas un grain
de sable qui se ressemble, & que chaque
Corps a, pour ainsi dire, sa Physionomie,
il n'est point de minéral qui n'ait la sien-
ne & ne se distingue par quelque chose
de celui qui a le plus d'affinité avec lui.
Rien n'est pur dans l'Univers, ni le Feu,
ni l'Air, ni l'Eau, ni la Terre ; comment
n'y auroit-il pas beaucoup d'alliage, beaucoup d'ordures & de Crudités dans les
plus précieux Métaux ?

Mais que dirons-nous de cette action par laquelle certains Fossiles se cher-
chent & s'attirent pour former, en s'u-
nissant à leur semblables, les masses les
plus Homogènes qu'il est possible ; &
certains se repoussent & semblent ne
pouvoir se souffrir. Qu'on se moque
tant qu'on voudra des *qualités occultes*, de
la *Sympathie* & de l'*Antipathie* ; elles sont
ici fortement marquées ; les principes
similaires & hétérogenes semblent les
fai-

faire naitre à chaque inftant. Enfin n'
y auroit-il point de Minéraux Parafites ?
L'Analogie feroit-elle concluante ? Cette
efpéce n'eft pas rare parmi nous.

LE moyen de n'être pas dispofé a-
près cela, à accorder une Ame, quoique
du dernier ordre, à des Corps qui crois-
fent & décroiffent, fuivant les mêmes
loix phyfiques que ceux des autres Ré-
gnes.

TOUT eft donc plein d'Ames dans
l'Univers. Mais quelle fourmillière dans
chaque corps animé, fi chacun étoit com-
pofé d'autant de petits Animaux qu'il en
faudroit pour former une chaîne, étendüe depuis le bout des doits jufqu' à l'A-
me, que leur mouvement fucceffif aver-
tiroit en rétrogradant de ce qui fe paffe-
roit au dehors. Ceux qui font fort éloi-
gnés de croire qu'il foit démontré que
la fenfation fe faffe par les Nerfs, préfe-
reroient ils cette dernière Hypothèfe ?

MAIS, dit-on, les Pierres, les Ro-
chers, les Métaux &c., ne paroiffent point
fentir ! Donc ces Corps ne fentent point.
Belle conféquence ! Dans l'Apoplexie
parfaite, le Cerveau & tous les Nerfs
brulés, déchirés, font auffi infenfibles
que

que le diamant & le caillou : l'Ame y
est encore cependant ; ce *bel oiseau* ne s'
envole qu'à la mort. N'y auroit-il pas
par hazard dans les Corps les plus simples un état qui seroit absolument & con-
stamment semblable à celui d'un Apo-
plectique ? Les *Monades* ont des *perceptions secretes* dont la Nature a fait confi-
dence aux Leibnitziens.

Je n'ai rien négligé, me semble, pour
prouver ma Thèse, si ce n'est l'histoire
tant de fois répetée de ces Opérations
animales qui font crier au prodige tous
ces pénétrans scrutateurs de la Nature
dont la Terre est couverte . . . Mais je
me trompe, le plus solide Arcboutant
manque à mon petit édifice ; j'ai oublié
les Sillogismes & les Argumens, dont
les *Spiritualistes* se servent pour prouver
que la matière est incapable de penser.
J'en demande pardon aux gens d'Esprit
& de goût. Si cependant vous trouvés
que vos Frères ne font pas mal réta-
blis dans les droits dont on les avoit
injustement dépouillés, jecroirai avoir
rempli ma principale condition. Mon
but n'étoit il pas de faire voir que
les Animaux avoient une Ame

&

& une Ame immatérielle ? Or c'eſt ce que je me flate d'avoir démontré. J'a- voüe que cette frappante Analogie qui ſe montre de toutes parts entre les Ani- maux & nous, m'avoit fait trembler. Sans cette conſolante vérité que j'ai dé- couverte enfin, & pour la quelle j'éleve ici la voix, où en étions nous, hé- las ! nous autres bonnes Gens, qui en naiſſant, voulons bien naitre ; mais qui en mourant, ne voulons point mourir ?

Ridiculum acri
fortiùs ac meliùs magnas plerùmque ſecat
res.

FIN.